DE LA RÉFORME ÉLECTORALE.

Imprimerie de LB. THOMASSIN et Comp., rue Saint-Sauveur, 30.

DE LA
RÉFORME ÉLECTORALE

SELON LES LIBÉRAUX

ET

SELON LES TRAVAILLEURS;

Par Gustave Biard.

IMPRIMÉ SUR L'ASSENTIMENT DE ONZE CENTS SOUSCRIPTEURS.

20 CENTIMES. —

PARIS,

LEDOYEN, LIBRAIRE, GALERIE D'ORLÉANS, 31,

AU PALAIS-ROYAL;

ET CHEZ LES AUTRES LIBRAIRES.

1839

INTRODUCTION.

Si l'on voulait s'entendre, dit le proverbe, que de belles choses l'on ferait; par exemple, si l'on s'entendait sur la valeur des mots, que de phrases on éviterait. — Essayons de nous entendre avec les libéraux; demandons-leur ce qu'ils comprennent par réforme électorale?

Les libéraux. Que le droit électoral est à réformer, perfectionner. — Si ce droit est à réformer, perfectionner, il s'exerce donc actuellement d'une manière vicieuse? En quoi la manière actuelle d'exercer le droit électoral est-elle vicieuse?

Les libéraux. Le droit électoral est vicié sous ce rapport que tous les hommes virils par l'âge, la raison, le talent n'y participent pas. — Quand vous dites, libéraux, qu'il y a lieu d'opérer une réforme électorale, que voulez-vous dire? —

Les libéraux. Que tous les hommes virils par l'âge, la raison, le talent doivent jouir du droit de se nommer des représentants. — Nous sommes de votre avis; mais un moment encore; point de phrases, s'il vous plaît, nous avons

8

quelques questions de plus à vous adresser; veuillez y répondre nettement. Quels sont, libéraux, vos moyens de faire participer tous les hommes virils au droit d'élire des représentants? *Les libéraux.* C'est de diminuer le cens ou l'impôt qu'il faut payer pour être électeur; puis ensuite de le supprimer quand les circonstances le permettront. —Très bien. Comment le cens peut-il être restreint? *Les libéraux.* Par une loi. — Comment ferez-vous passer cette loi? *Les libéraux.* En la présentant aux chambres comme l'expression du vœu national, et comme telle urgente à décréter. — Voilà qui est bien. Si les chambres étaient animées de l'amour des classes laborieuses, cette loi passerait à l'unanimité des voix; mais hélas! les chambres, dont les membres représentent la petite et la grande propriété, ne sont pas généralement convaincues que la réforme électorale protége, aussi directement que vous semblez vous y fier, les priviléges divers qu'elles octroient chaque année à la classe qu'elles représentent, aux dépens de ceux qui n'ont rien, et contre lesquels les lois sont faites. *Les libéraux.* La loi de la réforme électorale passera à l'aide d'une majorité que nos efforts et le temps provoqueront indubitablement. — Nous le désirons; mais nous en doutons. Pour ce qui est de l'action du temps, nous sommes, peut-être plus que vous-mêmes, convaincu du progrès en toutes choses; mais ce progrès peut être tout autre que celui que vous prévoyez; nous le croyons fort. Cependant l'esprit de chicane n'est pas le nôtre : nous admettons que la loi passe;] : cens est tel qu'un plus grand nombre d'électeurs participent à élire des représentants; la chambre renferme des députés pour tous les genres d'intérêts; mais pourtant elle ne les renferme pas tous; il en est encore qui s'agitent au-dehors. C'est qu'en effet le maintien d'un cens quelconque interdit aux salariés de toute classe, artistes, employés, commis, littérateurs, avocats, etc., le droit de voter. Continuant donc notre supposition, nous admettons que tout va au gré de vos souhaits; nous faisons abstraction des passions mauvaises qui entravent tout; enfin le vote universel est fondé et proclamé; tous les citoyens sont électeurs. Que ferez-vous de votre victoire? quels effets en tirerez-vous; car tout n'est pas dit, tout n'est pas fait pour être électeur de droit universel? Trouvez-vous ces questions trop générales? En ce cas nous nous résumons.

Quelle sera la mission politique de la grande convention surgie du vote universel? — car il est clair que l'extension indéfinie du droit électoral réunira une assemblée de représentants autrement imposante par le nombre et les lumières que celle qui siége dans nos chambres actuelles? — Cette convention, cette assemblée ou cette chambre, qu'importe le nom, absorbera-t-elle tous les pouvoirs? Et nous ne voyons pas qu'il puisse en être autrement, car les progrès accomplis, contre lesquels la société ne saurait réagir, excluent le vote par classe, comme avant le triomphe du Tiers-État il eut un moment lieu par ordre; par conséquent la masse des électeurs formant un tout politique homogène, ne pourra nécessairement élire qu'un tout représentatif également homogène? — Cela étant, la convention se proposera-t-elle de confondre toutes les classes en fait, en droit et en une seule, comme c'est la tendance de toutes choses de graviter vers un même centre? — Tendra-t-elle directement à tout centraliser; en un mot, agira-t-elle en vue de faire triompher le principe de l'association en tout, partout et pour tout?

Libéraux, avez-vous songé à ces conséquences? ou vous êtes-vous seulement arrêtés à l'idée qu'il suffisait de tendre vaguement au vote universel, et qu'une fois obtenu, tout est dit, tout est fait, l'avenir est fondé; vous reposant, à part vous sur le sentiment secret qu'avant d'en arriver là, votre rôle sera joué, vos intérêts de crédit, de gloire et de fortune amplement satisfaits? — A ces questions, les libéraux ne répondent plus rien; — c'est-à-dire que dans la masse innombrable de leurs écrits pas une seule considération ne révèle que leur esprit aille au-delà de l'opinion que le vote universel est toute la question sociale; ce qui serait vrai, si, comme antécédent du suffrage universel, ils professaient l'association universelle; — mais ce qui ne l'est pas, puisqu'ils repoussent l'association comme une utopie. En effet, ils n'ont jamais dit qu'ils voulussent de l'association autrement que pour attaquer, se défendre ou résister à la puissance dominante. Donc le vote universel, moins l'association qui en est l'antécédent, est pour les libéraux toute la question sociale. Cependant les libéraux croient faire acte positif en voulant restaurer (selon eux réformer) la loi électorale. Il semblerait à leur dire que pour y avoir cent mille propriétaires de plus qui votassent aux élections annuelles et cent cinquante nouveaux députés envoyés à la chambre pour représenter les intérêts de leur caste, les Travailleurs y gagnent quelque chose! C'est vraiment agir de trop de confiance en soi-même; c'est pousser l'amour-propre au-delà de toute moralité; et puisqu'ils prétendent encore avec cela posséder la toute-vérité, puisqu'ils refusent d'accepter mieux qu'ils ne savent, d'étudier plus profondément la question, qui n'est pas tout entière dans le vote (même

universel), puisqu'ils font encore de cette question une panacée politique, une manne qu'ils distribuent par quantité re-
lative aux temps et aux lieux, un ressort qu'ils allongent ou
raccourcissent à volonté, puisqu'enfin nul écrivain de l'opinion libérale n'agite la question préalable de l'association,
nous avons, nous, à la traiter au point de vue des Travailleurs
et à déterminer à chacun son véritable rôle dans la question de la réforme électorale.

PREMIER POINT.

**L'abaissement du cens ou l'extension indéfinie du droit électoral (la so-
ciété demeurant ce qu'elle est) aboutit à néant.**

Le suffrage universel n'est qu'un mot ; c'est l'association
universelle qui est une idée, car elle embrasse tout. — Mais
les libéraux ne vont pas si loin ; il nous faut donc leur dé-
montrer en premier point que *l'abaissement du cens ou l'extension indéfinie du droit électoral* (la société demeurant ce
qu'elle est) *aboutit à néant.*

A cette fin, nous allons dire clairement de quelle manière
la société se compose, c'est-à-dire décrire ce que l'a faite le
libéralisme lui-même.

La société est ainsi faite, par suite de la constitution actuelle de la propriété, que les Travailleurs de tous pays dé-
pendent directement de ceux qui exploitent une industrie

quelconque à titre do maîtres ou do chefs des travaux, et indirectement de ceux qui louent leurs terres, leurs maisons, leurs usines sous la responsabilité d'un gérant ou locataire-général. Cette composition de la société révèle donc trois classes, à savoir :

Ceux qui louent à un locataire-général leurs terres, leurs maisons, leurs usines.

Ceux qui fabriquent, achètent, vendent, négocient, gèrent et bénéficient de première main sur tous les produits livrés à la consommation publique.

Ceux qui, en dernier ressort, font acte universel de travail et de main-d'œuvre.

Le langage général désigne les premiers par le nom d'*aristocratie*, les seconds par celui de *bourgeoisie* et les dernier par celui de PEUPLE.

Telle est la composition de la société sans phrases ni déclamations. Nous ne disons encore ni qu'elle est ni qu'elle n'est pas ce qu'elle peut être ; nous disons voilà ce qu'elle est, — et nous en concluons avec l'opinion générale que les trois classes dont la société se compose tiennent fatidiquement leur raison d'existence les unes des autres. Voilà les faits.

Libéraux, en quoi le droit électoral étendu au ant que vous le pouvez désirer peut-il changer cet ordre de choses ?

Vous avez notablement diminué le cens : dix mille, vingt mille, cent mille électeurs sont entrés en lice ; ils députent cent, deux cents, quatre cents représentants : la représentation nationale est doublée ; vous êtes tout glorieux de votre œuvre ; — mais savez-vous bien ce que vous avez fait ? vous avez grossi l'état-major de l'armée de ceux qui possèdent, sans rien faire absolument pour diminuer l'intensité d'humeur de ceux qui n'ont rien. Ce que vous avez fait ou ce que vous pourrez faire en ce sens-là ne vous vaudra pas l'apothéose, c'est moi, simple travailleur, qui vous le dis.

Et poursuivant nos vues, nous vous disons encore : Depuis 93, vous avez pris pour des progrès dans la voie de l'égalité politique de simples revirements du privilége; vous avez changé de place le principe de l'exploitation,— et voilà tout. Par vos faits, de bas exploiteurs se sont glissés, à l'aide de la puissance immorale de l'argent, dans les rangs des exploiteurs politiques, et vos anarchiques principes en libre concurrence industrielle, sur cent mille champions, relancent violemment le plus grand nombre aux rangs des malheureux, pour les plus ineptes, les plus immoraux, les plus éhontés qu'ils élèvent aux rangs des privilégiés, que la meute des déchus adule frénétiquement.

Quand bien même donc le pouvoir actuel consentirait à universaliser le principe de l'élection, en quoi cela détruira-t-il la théorie de libre concurrence sur laquelle est basé le monde libéral, et qui transforme chaque classe, chaque individu en antagoniste du même intérêt, du même fait, du même but. — Avec le vote universo-libéral le peuple dépend toujours de la bourgeoisie, celle-ci de l'aristocratie, en sorte que ces trois classes, eussent-elles toutes à la fois la faculté du vote, leurs choix respectifs ne sauraient être invinciblement que l'expression des influences sous lesquelles chaque classe agit l'une à l'égard de l'autre. — L'or du patricien a toujours fait voter le plébéien à son profit; et si le prolétaire est fait électeur, il votera pour le plébéien qui le paicra... car il faut que tout le monde vive. — Le vote universe-

libéral pêche donc en définitive par une dépendance d'intérêt et de position politiques dont il n'affranchit aucune classe
de la société. — Où doit-il alors aboutir? — A enfanter
une grande assemblée de combattants dont la convention ré-
volutionnaire nous offre un précédent, et que nous avons
vu, comme autrefois Saturne, dévorer ses propres enfants.

Et voyez-vous maintenant, libéraux, que la réforme électorale, parvinssiez-vous à la pousser jusqu'au vote universel, n'est qu'un vain mot en réalisation d'ordre et d'émanci-
pation? Que faites-vous donc? C'est le prophète qui vous
répond: *Vous semez du vent.*

Mais vous répondez, nous faisons ce qui est possible; le
possible, c'est d'accroître quand même le nombre des électeurs; et nous, nous vous répétons, supposition faite que
tous les citoyens, sans distinction de fortune, aient le droit
d'élire des représentants, en quoi cela fera-t-il que la bourgeoisie ne dépende plus politiquement de l'aristocratie et les
Travailleurs des bourgeois qui les emploient, — si l'association ne vient résoudre le problème? — Remarquez encore
que jusqu'ici nous avons supposé le droit d'élection étendu
à tous indistinctement, ce qui est faire excursion sur le
champ de la démocratie, car le libéralisme, qui seul a des
représentants à la chambre, ne va pas jusqu'au suffrage
universel.

Donc en même temps qu'il conviendrait d'universaliser
le principe de l'élection, il faudrait instantanément proclamer en principe l'association universelle, qui seule harmo-
nise tous les intérêts, car si la société demeure fondée sur
le principe de la libre concurrence de doctrine, d'intérêts et
de but, le suffrage universel n'aura d'autre effet que d'assu-

rer aux intrigants un triomphe plus éclatant, de passer au service de la vanité, de la ruse, de l'or corrupteur.

Apôtres de la liberté vague, voulez-vous savoir où vous mènera votre suffrage universo-constitutionnel? — Droit au vote quasi-universel de l'Angleterre. — Mais nous nous empressons de signaler aux Travailleurs que les *meetings* anglais sont des assemblées immenses où le peuple, plongé dans l'orgie et repu des boissons de l'aristocatie, dit par houra ceux-là qui lui font une plus large libation d'âle, de genièvre et d'eau-de-vie. — Dieu préserve la France de passer jamais par le vote universel de l'Angleterre!

Conclusion première. — L'élection avec des classes est une anomalie politique; elle témoigne d'un semblant de progrès: prendre par exemple le mot pour la chose.

Le vote universel est un leurre jeté à la vanité des peuples au profit plus réel de l'orgueil des grands: la vérité est que chacun vote pour ses pénates, et ne saurait voter pour d'autres; l'universalité est dans la somme-toute des votes particuliers.

Tous les principes qu'a consacrés la révolution française, de glorieuse mémoire, entre autres l'*élection par tous* et l'*éligibilité pour tous*, sont condamnés à n'être que des mots sonores mais vidés d'application, aussi long-temps qu'on tardera à substituer au principe dissolvant du *laissez-faire universel*, qui n'est qu'une force centrifuge, l'*association universelle*, qui seule implique de fait et grammaticalement la représentation réfléchie de tous les faits, de tous les principes, de tous les intérêts.

En dehors de l'association tout est logomachie; et c'est parceque l'association faillit partout aux dogmes du libératisme et de la démocratie réunis qu'ils ne sont en dernier ressort que les doctrines du droit métaphysique, dépourvues des moyens de le transformer en *fait* universel:

Mais sous l'influence de l'association, toutes les grandes pensées de la démocratie deviendront des vérités réalisables dont il ne sera plus possible à personne de spéculer, car elles tomberont toutes dans le domaine de la pratique.

Donc avant tout, par dessus tout, c'est l'association qu'il faut proclamer en principe, afin de n'avoir plus à conclure de l'impuissance des théories libérales et démocratiques, que *l'abaissement du cens ou l'extension indéfinie du droit électoral* (la société demeurant ce qu'elle est) *aboutit à néant.*

DEUXIÉME POINT.

Le vote universel, sans l'association universelle, est une idée creuse et de nul effet.

Nous voici sorti de la logomachie libérale; c'est aux Travailleurs que nous nous adressons pour tout ce qui nous reste à dire sur la question de la réforme électorale.

Et d'abord, les Travailleurs ne font pas profession d'argumenter; ils n'ont que peu de raisonnements à leur service; ils disent tous : Nous voulons être libres, nous voulons vivre de notre industrie; nous voulons jouir de tous les bienfaits de la civilisation que nous coopérons à perfectionner.

Qui osera taxer ces réclamations d'injustes et déloyales ?
Ceux-là seulement qui y perdraient le privilége de la morgue et de l'ingratitude que leur valent leurs richesses exclusives.

Pour obtempérer aux saintes réclamations des Travailleurs, les partisans de la liberté vague leur crient à tue-tête : *Nous vous ferons électeurs.* Mais les Travailleurs répondent : Nos votes ne sauraient être libres ; nous tenons notre existence précaire des bourgeois qui nous emploient ; ils nous contraindraient de voter dans leur sens, ou nous ôteraient le pain dont nous nourrissons nos femmes et nos enfans. Voyez ; les bourgeois eux-mêmes ne votent-ils pas conformément aux intéré's particuliers de la grande propriété dont ils tirent la source de leurs richesses commerciales et industrielles? La panacée que vous nous offrez est donc semblable à la coupe pleine d'eau limpide et appétissante tout près de désaltérer Tentale, et dont ses lèvres ne peuvent jamais atteindre les bords tant désirés.

Si cela peut vous consoler, Travailleurs, on vous dira : Les classes privilégiées et demi-privilégiées ne sont pas les plus morales, c'est vous qui êtes la plus morale. — On vous dira que s'il y a *de fait* plusieurs classes dans la société, *de droit* il n'y en a qu'une seule qui est celle du peuple, et à laquelle appartiennent tous les citoyens, sans aucune distinction de naissance ou de fortune. — On vous dira encore que la loi électorale qui vous exclut du droit de concourir par votre vote aux affaires du pays, est inique et injurieuse. — ces homélies sont flatteuses pour votre amour-propre, urs, mais quelles modifications exercent-elles sur ition? — Aucune. — Croyez-nous, vous portez avec vous la solution progressive de toutes vos espérances. Au lieu de vous crier : Devenez électeurs avant toute chose, nous vous crions : Associez-vous avant toute chose ; ce qui signifie littéralement : *Mettez votre volonté, votre activité et vos ressources en commun pour une destinée dont l'ÉGALITÉ de bienfaits pour tous soit la suprême loi.*

Mais vous dites : Les lois existantes nous en empêchent. Oui, les lois vous en empêchent en vue de vous coalitionner ; car écoutez bien ce qui donne à l'association un caractère politique susceptible d'être interprété par tout ministère public ; — c'est l'association ayant pour but de disserter sur les bases constitutionnelles de la société. La politique ne s'entend pas autrement ; la politique, c'est de discourir sur les affaires d'état, c'est de s'immiscer dans les questions de cabinet, de police ou d'administration ; ce n'est que cela pour les plus grands docteurs de notre siècle ; pour ceux que l'opinion publique désigne comme les premiers en capacité administrative, oratoire et diplomatique, les Guizot, les Thiers et les Berryer. — Votre politique à vous, Travailleurs, c'est l'organisation du travail en commun, c'est l'ASSOCIATION, ou *la mise en commun de votre volonté, de votre activité et de vos ressources pour une destinée dont l'ÉGALITÉ de bienfaits pour tous soit la suprême loi.* — A cette politique-là, les grands docteurs, les grands orateurs, les grands ministres, les plus fameux publicistes, libéraux et autres, ne reconnaissent pas encore un caractère politique. — Et voyez, Travailleurs, comme toute chose, dans le monde des grands et des érudits prétendus, est basé sur le vide et masqué par la vanité. Si ceux qui passent aujourd'hui pour les premiers en science oratoire, administrative et diplomatique, admettaient que la politique rationnelle ne peut être en dernier ressort que l'organisation en grand du travail, il leur faudrait se dégager des vapeurs idéologiques qui leur font une auréole de crédit mystérieux, et se montrer à tous ce qu'ils sont en réalité nue, c'est-à-dire l'esprit aussi vide de politique qui fait vivre (celle du travail) que l'enfant qui vient de naître.

Quelque sévères donc que puissent être les lois contre les associations, jamais ces lois n'auront puissance de vous empêcher de vous associer pour travailler en commun, car cette espèce d'association n'est point politique selon la loi. Et sous cette forme, dont les classes privilégiées usent entre elles relativement à certains intérêts, sous cette forme dont les capitalistes vous offrent l'exemple par la concentration de leurs forces financières, vous réaliserez de vous-mêmes, sans violer ni le code, ni la charte, le vote graduellement universel.

D'ailleurs, voici la question : Est-ce aller contre les lois d'aucun pays que d'associer ses ressources avec l'intention d'améliorer son sort ? — Est-ce agir hostilement envers quelque autorité que ce soit que de travailler en commun pour s'assurer un bien-être physique, moral et intellectuel, à l'abri de toute perturbation ? — Quelle loi peut être violée en cherchant dans l'association graduelle de tous les membres d'une même profession, des représentants de toutes les professions, de tous les habitants d'un pays et des cinq continents, les moyens de garantir à tout le monde le pain qui substante, l'éducation qui rend moral, l'instruction qui consacre et développe ?—au lieu du présent qui parque les deux tiers des habitants de la terre dans une vallée de larmes, selon l'expression chrétienne et le reste dans un paradis de délices et de jouissances déloyales.

Non, jamais aucun gouvernement ne voudra, ni ne pourra empêcher les hommes laborieux d'améliorer leur sort par l'association dont la base, le but et le moyen sont tout à la fois LE TRAVAIL. Ce serait violenter l'élément moral et fondamental de la civilisation même : donc ça ne se peut.

Enfin, au lieu de l'association, supposez, Travailleurs, que vous demeuriez dispersés ainsi que vous l'êtes, que devient le vote universel ? quel bénéfice politique en pouvez-vous recueillir ? C'est vous qui faites la richesse des électeurs puissants, et ce sont eux qui nomment *vos* représentants. Comment cet escamotage peut-il avoir lieu même avec le vote universel ? C'est que le bâton de maréchal vous manque : la richesse, à vous qui la créez; à vous qui faites riches les autres, et demeurez pauvres, faute de vous associer.

Voulez-vous donc devenir une puissance, comptez-vous, non pour vous assembler tumultueusement sur la place publique, et réclamer violemment des droits politiques au fond desquels il n'y a que du vent; non pour lutter avec les armes, car cet acte est une extravagance de lèse-civilisation, puisque rien de ce qui est violent ne triomphe, — et que le but est pourtant de triompher de tous les égoïsmes; mais comptez-vous pour connaître ce que vous pouvez apporter à l'association; comptez-vous pour savoir ce que vous pouvez produire; comptez-vous pour devenir une force intelligente, et vous reconnaîtrez vite, qu'en peu d'années, votre association, déshéritant le privilége de ce qui le fait vivre, le secours de vos bras, l'aura bientôt transformé en agent bienveillant de votre nouvelle destinée.

Quand les Travailleurs comprendront généralement l'importance du travail en association, les temps approcheront d'une grande rénovation, — car alors tous auront compris que le vote universel, sans l'association préalable, est une idée creuse et de nul effet, soit qu'elle émane de MM. Odilon-Barot, Cormenin ou Berryer.

TROISIÈME POINT.

Le travail en association substitué au travail isolé peut seul résoudre la question de la réforme électorale.

L'élection univérselle sans l'association bénéficie uniquement à ceux qui possèdent une portion du sol, déterminée par l'impôt qu'ils prélèvent sur le travail des ouvriers pour le remettre en les mains du fisc. Ceux qui ne jouissent d'aucune propriété foncière ne sauraient donc devenir électeurs, ou le deviendraient à la manière de l'Angleterre ou de l'Amérique, c'est-à-dire électeurs fictifs, électeurs vénaux.

Travailleurs, n'oubliez jamais cela, et ne vous laissez plus prendre aux phrases enchevétrées des *parleurs*.

Pour devenir électeurs réels, c'est-à-dire indépendants, le problème c'est de *posséder*.

Pour posséder il faut acquérir ; or, il n'y a qu'une voie d'acquérir pour ceux qui ne peuvent trafiquer de rien, c'est LE TRAVAIL.

Mais aujourd'hui encore et malgré les progrès de la civilisation, le travail n'est que l'échange du besoin alimentaire de chaque jour contre chaque jour d'abrutissement intellectuel et de fatigues galériennes. — Par cette espèce de travail, qui est le travail isolé, celui de notre époque, les Travailleurs doivent désespérer de jamais parvenir à posséder. Tant que nous aurons le malheur d'être assez aveugles, assez ignorants pour ne pas comprendre toute la fatalité du travail isolé, nous nous verrons escamoter la possession qui nous reviendrait, si nous étions associés, par des monopoleurs habiles que notre époque, se justiciant elle-même, a baptisés du nom de *Robert-Macaires.*

Le travail isolé, voilà donc la cause de l'impuissance des *petits.* — Substituons-y le travail en association : tous posséderont un fonds social. — Le moyen d'arriver à posséder pour les Travailleurs, c'est donc d'acquérir en association et non isolément.

Et maintenant déduisons de ces simples idées les conséquences les plus notables.

Les Travailleurs associés deviendront une puissance sociale au même titre que la bourgeoisie, que l'aristocratie; ils auront leur *avoir* distinct, et ne dépendront que d'eux-mêmes.

Elevés à cet état de puissance réelle, qui pourrait empêcher les Travailleurs de députer des représentants à la tribune nationale ; et qui oserait leur en contester le droit, puisqu'ils pourraient remplir par délégation d'un ou plusieurs des leurs, toutes les formalités voulues par la loi pour attirer sur leurs délégués les conditions de l'éligibilité ?

Ou c'est là le moyen vrai de résoudre la question de la réforme électorale, ou il n'en existe pas, — car toute autre voie est une escobarderie politique, un escamotage du vote universel au profit de l'oisiveté terrienne

Sans doute les Travailleurs venant à comprendre l'importance du travail en association, auront sur les autres classes l'avantage du développement et du nombre; mais c'est là justement que réside la moralité de leur priorité à venir, c'est que toutes les classes concourront nécessairement au triomphe de l'association, de l'association qui deviendra le seuil du salut général, — car qui ne voudrait pas être de l'association se placerait hors la loi, comme s'y placent aujourd'hui quiconque s'arme contre la société.

Le travail en association substitué au travail isolé peut seul conférer franchement le droit d'élection et d'éligibilité aux Travailleurs. — Tel est en première ligne l'avantage prochain de l'association.

On dit qu'il y a en France une presse indépendante ou libérale; c'est possible; mais nous ne savons pas où elle siége, ni où elle écrit, — car celle qu'on nomme *opposante* est experte en l'art de *phraser* sur les droits du peuple,—ce dont elle vit; — mais depuis quinze ans que nous la suivons jour pour jour, nous ne lui avons pas entendu proposer aux Travailleurs un moyen clair et possible de devenir une puissance sociale. — On dit encore qu'en France la presse exerce un sacerdoce; c'est encore possible; mais aux fruits amers de tant d'opinions divergeantes, ce sacerdoce nous paraît être dégénéré depuis long-temps en un *métier* fondé sur la crédulité des classes exploitées. — Une preuve de ceci, c'est le silence *calculé* de la presse quotidienne sur toutes discussions de vues sociales propres à améliorer le sort de tous ceux qui souffrent, non pas seulement sous le rapport de la faim, du vêtement et de l'abri, mais sous celui des institutions qui s'opposent directement à l'établissement de l'association graduelle. La presse, sous ce rapport, est marchande avant d'être intelligente; elle spécule sur la multiplicité des opinions; elle tient boutique d'arguments spécieux. Elle a une certaine manière d'écr're qui n'appartient qu'à elle; elle a horreur du style explicite; bref, c'est une industrielle qui fait argent de ses phrases, qui parle de tout, et qui au fond se soucie fort peu de ce que peuvent advenir les Travailleurs.

Laissons la presse dont nous n'avons que faire pour nous occuper d'indiquer quelques voies générales d'acheminement à l'association du travail.

Il existe en France des caisses d'épargnes où les Travailleurs les plus économes ou les plus régulièrement occupés placent en réserve plusieurs millions de francs chaque année. Ce fait atteste sensiblement de hauts sentiments de prévoyance. Les caisses d'épargnes sont sous ce rapport une bonne chose. Mais le temps ne semble point venu encore de retirer de cette institution un profit vraiment social. En effet, quelle prospérité retirent de leurs économies les déposants aux caisses d'épargnes? Aucune; car journellement les caisses remboursent le quart ou le tiers des versements opérés. C'est donc tout simplement un va et vient d'encaissement et de décaissement journalier. Ajoutez à cela que sur cent cinquante mille déposants, environ, (car c'est à peu près là le nombre de ceux qui peuvent économiser en France), ajoutez que plus des deux tiers appartiennent à la domesticité; en sorte que les caisses d'épargnes ne perçoivent pas en réalité, malgré leur développement apparent, les économies de plus d'*un* travailleur par *cinq cents*. Nous en inférons qu'*épargner* n'est pas universellement en la possibilité de tous;

mais que ce peut être un acheminement indirect à l'association du travail. Cependant nous ne dissimulerons pas que l'institution des caisses d'épargne est peu de notre goût. Autrefois Turgot, le premier économiste du dix-huitième siècle, imagina, au profit du travail, de fonder des caisses d'avances, mais vraiment nous croyons qu'il eût terni l'éclat légitime de ses hautes facultés, s'il se fût imaginé d'ériger des caisses d'épargnes, qui, en définitive, n'excitent, chez ceux qui en usent, que des sentiments méfiants, étroits, dessocialisants.

Les caisses d'épargnes ne nous semblent donc placées sur la voie indirecte de l'association qu'en ce sens que les épargnes qu'elles possèdent sont un *capital* appartenant au travail, et qu'une volonté raisonnée peut quelque jour mettre ce capital au service du travail en association.

Cependant les Travailleurs ne doivent pas attendre d'assistance des capitaux spéculateurs; il leur en coûtera toujours une dure exploitation, car les bénéfices du capital *qui travaille* sont à nos yeux illégitimes, attendu que c'est une escobarderie de dire que *les capitaux du spéculateur travaillent pour lui.*—IL N'Y A QUE LES TRAVAILLEURS QUI TRAVAILLENT.

Le capital du spéculateur doit être exclu de l'association, car il la fera toujours crouler quand il lui plaira. Nous invitons donc les Travailleurs à repousser toute doctrine économique tendant à faire entrer le capital en participation quelconque avec le travail. C'est là une transaction violatrice des droits des Travailleurs; encore une fois IL N'Y A QUE CEUX QUI TRAVAILLENT QUI ONT DROIT AUX BÉNÉFICES DE L'ASSOCIATION.— L'argent n'est qu'un moyen d'échange; l'échange est toujours un *objet* consommable ou non-consommable, mobilier ou immobilier; le travail seul crée l'échange; donc l'argent n'est qu'un signe qu'on pourrait remplacer par des cailloux. Imaginerait-on de faire bénéficier des cailloux?

Mais voici comment les capitaux spéculateurs viendront servir de moyen d'échange au travail associé.

D'abord, et avant tout, le capital de l'association doit provenir des épargnes des Travailleurs, afin de n'avoir rien à démêler avec aucun spéculateur. Le travail de l'association lui vaudra suffisamment de *signe* pour étendre graduellement son action laborante. Pendant ce temps, que deviendront les capitaux-spéculateurs? Ils *dormirent*. Donc les capitaux ne travaillent pas. Mais comme à ce compte le spéculateur, qui est un homme qui ne sait rien faire, ne saurait plus *comment vivre*, forcé lui sera bien d'apporter ses cailloux au service de l'association, qui, alors, lui dira : Fais-toi travailleur selon les facultés que Dieu t'a données, et tu participeras comme les égaux aux bienfaits de l'association;

Nous répétons que pour asseoir sur des bases durables le travail en association, il ne faut rien devoir aux capitaux spéculateurs, mais attirer les capitaux bienveillans seulement. Ce qui fait vivre, c'est le travail; que les Travailleurs s'associent, et ce n'est pas de l'or qu'ils acquerront, ce sont toutes les aisances de la vie, que pour peu d'argent et beaucoup de misères ils abandonnent, par ignorance, à l'oisiveté d'argent.

Et maintenant si l'on nous demandait quelle est la voie prochaine d'acheminement à l'association du travail, nous répondrons, sans entrer dans plus de détails, que les Travailleurs y cingleront à pleines voiles du jour où l'on verra surgir des CAISSES D'ASSOCIATION, provenant des épargnes et des sacrifices des Travailleurs; caisses gérées par eux, garanties de tout contact avec les *banquistes*, et destinées par eux à s'associer prochainement pour le travail, et à remplir toutes les conditions voulues pour obtenir :

Premièrement, la protection des lois existantes.

Secondèment, la jouissance réelle du droit de l'élection.

Troisièmement, celle du droit de l'éligibilité.

Encore une fois, sont-ce là des indications aussi creuses que celles que recèle le verbiage de la presse quotidienne?

Dans ce que nous venons de dire il y a certainement des voies d'acheminement à l'association qu'il faut laisser mûrir après les avoir signalées; mais les impatients ne les aperçoivent pas; ils compromettent jusqu'à la volonté de s'associer par leurs questions intempestives; ils s'écrient : Comment s'associer? Comment travailler? Comment débuter? Comment exercer la justice !

A ces brusques questions les Travailleurs demeurent interdits; le découragement les saisit; ils se demandent sur quelles bases fonder l'association ! Or, nous disons aux Travailleurs : Associez-vous d'abord en vue de produire en commun. Pour cela, il n'est besoin d'aucune théorie préconsue. De ce premier fait découleront tous les autres. Les plus sublimes systèmes échouent devant l'expérience. Expérimentez l'association. D'ailleurs, la ligne de direction est tracée depuis deux mille ans; elle est pour toute association particulière ou générale ce qu'elle est dans la succession des âges pour tous les peuples de la terre : UNITÉ DE SENTIMENTS, ÉGALITÉ DANS LES DROITS, CONSIDÉRATION SELON LES OEUVRES. Avec ce flambeau, que tant de systèmes spécieux cachent aux regards du plus grand nombre, les Travailleurs parviendront à triompher des réticences de tous les faux amis et de tous les ennemis déclarés de l'association.

Et puis qu'ils y prennent garde, tout système est un plan complet et définitif de civilisation. A ce titre déjà tout système est une violation de la souveraineté humaine; aussi ne résulte-t-il rien de possible immédiatement d'une telle prétention. Et la preuve, c'est l'opiniâtreté du monde à rejeter même les plus séduisants programmes humanitaires, c'est qu'il y voit une positive négation de sa souveraineté dans l'espace et dans le temps.

Nous avons ouï dire quelque part qu'il fallait avoir à offrir à l'humanité des *intégralités*, c'est-à-dire des plans complets de théories sociales au lieu de *lambeaux de progrès*. C'est là un accolement de mots sans idée. Voici comment nous y répondons. Il est un agent cosmogonique qui domine chacune des théories humaines à l'aide desquelles l'homme social accomplit sa destinée ; cet agent se nomme *révolution*. Nous essaierons prochainement de le décrire, et nous en établirons aux yeux de tous le caractère pantocratique. Il nous suffit ici d'en remémorer l'existence pour justifier que tout système est vulnérable de prime abord, sans examen postérieur, par ce seul fait qu'il est *un point d'arrêt* apporté au mouvement éternel des hommes, des choses et des idées. Cependant ceux qui décrètent des systèmes, tout en violant la souveraineté humaine, agissent plus selon la révolution que ceux qui les nient, car il faut jusqu'à un certain point excéder le possible par l'excentricité des théories pour déloger l'humanité de sa vieille case et la faire avancer d'un pas vers le but de sa destinée. Voilà ce que ne comprennent pas ceux qui nient tout indistinctement pour légitimer leur refus de se dévouer à aucune chose. Et maintenant l'humanité entre dans une phase nouvelle d'évolution ; ce n'est plus aucun système qu'elle prendra pour devise, c'est la destinée même à laquelle tendent diversement tous les systèmes qu'elle inscrira sur la plus haute bannière afin qu'elle serve d'oriflamme à tous, laissant du reste à la souveraineté de chaque génération le soin de rechercher, d'imaginer et d'établir les lois temporaires les plus propres à la mener au but de ses désirs. — C'est ainsi que la souveraineté humaine ne sera plus violée, et que pourtant l'enseignement universel ne lui manquera pas. — En effet, le sentiment bien net d'un but fait trouver les moyens d'y arriver. Pour rendre les Travailleurs électeurs et éligibles, ou mieux pour atteindre franchement au vote et à l'éligibilité universels, nous le répétons, c'est de fonder l'association du travail, c'est d'ériger des caisses d'association; c'est de propager l'association, — ce pourquoi il n'est que faire de systèmes universels.

Et les Travailleurs ne doivent pas l'oublier un seul instant, c'est d'eux-mêmes que dépend leur avenir politique, — car il est écrit d'avance au fronton du panthéon constitutionnel que les chambres et la presse passeront encore la prochaine session à *phraser* sur l'équilibre ministériel, électoral, européen et autres panacées aussi creuses d'améliorations positives.

CONCLUSION.

Aux libéraux; vous consentez à ce qu'en droit tous les citoyens deviennent électeurs et éligibles avec le temps; mais vous repoussez l'association universelle comme une utopie; — c'est pourquoi nous vous disons : De votre point de vue politique, le suffrage universel est une idée creuse et de nul effet, car il n'est que la reconnaissance métaphysique du droit sans l'établissement du fait.

Vous consentez à ce qu'en droit tous les citoyens deviennent électeurs et éligibles avec le temps ; mais vous ne dites pas comment vous ferez pour que la société devienne une association ; — c'est pourquoi nous vous disons : Le vote universel, la société demeurant ce qu'elle est, aboutit à néant ; — car vous laissez subsister l'exploitation de l'homme par l'homme qui enlève au vote son indépendance.

Vous ne professez donc en réalité dernière qu'une liberté vague, la liberté du droit sans celle du fait.

Et aux Travailleurs ; les doctrines libérales ne recèlent que du vent ! La clé du suffrage et de l'éligibilité universels est dans vos mains. Cette clé c'est l'organisation lente et graduelle du travail en association ; c'est la fondation de caisses d'association ; c'est la propagation des idées d'association, sans porter atteinte aucune, de fait ou d'intention, ni aux lois établies, ni à la sécurité des classes oisives ; car l'association lente et graduelle transformera toute chose sans déchirement pour personne. Le plus grand malheur qu'elle enfantera sera de réduire les classes privilégiées à vivre sur leurs propres fonds, au cas où elles s'obstineraient à refuser leur concours à l'association, dont le crime capital sera d'obliger l'oisif à se faire travailleur selon les facultés que Dieu lui aura départies.

FIN.

INSTRUCTIONS SUR L'ASSOCIATION.

—

Cette brochure sera suivie d'une série d'autres du même format, traitant des questions sociales, politiques et morales les plus actuelles, en vue de l'établissement le plus prochain du *travail en association*, et destinées à former un recueil sous le simple titre d'INSTRUCTIONS SUR L'ASSOCIATION, dont notre *Réforme électorale selon les libéraux et selon les Travailleurs* est l'introduction consentie par onze cents premiers souscripteurs.